AF230600

SAINT
VINCENT DE PAUL

PANÉGYRIQUE

PAR

Mgr C. F. DRUON

Prélat de la Maison du Pape
Ancien Président de la « Conférence des Étrangers »
à Rome.

« Inspirée par la foi chrétienne,
« son ardente charité s'éleva vers
« Dieu pour redescendre sur les
« hommes. »

(S. S. Léon XIII.)

PARIS

SOCIÉTÉ GÉNÉRALE DE LIBRAIRIE CATHOLIQUE
Victor PALMÉ, Directeur général
Rue des Saints-Pères, 76

BRUXELLES	GENÈVE
J. Albanel, r. des Paroissiens, 12	H. Trembley, rue Corraterie, 4

1883

SAINT

VINCENT DE PAUL

SAINT
VINCENT DE PAUL

PANÉGYRIQUE

PAR

Mgr C. F. DRUON

Prélat de la Maison du Pape
Ancien Président de la « Conférence des Étrangers »
à Rome.

« Inspirée par la foi chrétienne,
« son ardente charité s'éleva vers
« Dieu pour redescendre sur les
« hommes. »
(S. S. Léon XIII.)

PARIS

SOCIÉTÉ GÉNÉRALE DE LIBRAIRIE CATHOLIQUE
Victor PALMÉ, Directeur général
Rue des Saints-Pères, 76

BRUXELLES	GENÈVE
J. Albanel, r. des Paroissiens, 12	H. Trembley, rue Corraterie, 4

1883

« *Glorifier le nom, invoquer le patronage*
« *de ces héros chrétiens que ne saurait*
« *susciter une philosophie froide et sans*
« *entrailles, et que peut seule enfanter la*
« *divine charité de Jésus-Christ, Nous*
« *paraît une œuvre utile....*

...« *Or, entre ces héros, nul n'est plus*
« *populaire, nul n'a mieux mérité de toutes*
« *les classes de la société, que saint*
« *Vincent de Paul.... »* (1).

Encouragé par la voix auguste du

(1) *Paroles de S. S. Léon XIII. (Bref du 22 juin 1883.)*

Vicaire de Jésus-Christ, nous nous dé-cidons à publier ce panégyrique.

Puisse ce faible témoignage de notre dévotion envers saint Vincent de Paul édifier quelques-uns de nos frères et nous procurer à nous-même un accroissement de zèle pour la gloire de Dieu et de charité envers les pauvres et les malheureux !

C. F. D.

Paris, le 19 juillet 1883.

SAINT

VINCENT DE PAUL

Caritas Christi urget nos.
La charité de Jésus-Christ nous presse.
(II. Cor.)

La faveur universelle et tout à fait émi-
nente dont jouit, même dans le monde, le
nom de saint Vincent de Paul, tient-elle
seulement à l'excellence de ses vertus et
à la supériorité de ses œuvres? Ne tien-
drait-elle pas aussi à ce qu'on s'est habitué
à ne considérer dans ces vertus et dans
ces œuvres que le côté naturel et tout
humain ?

Si les hommes qui ont régné sur la
France en des jours d'anarchie ont fait de

Vincent le héros de l'humanité (1), n'est-ce pas parce qu'ils ont oublié ou voulu méconnaître qu'il devait au Christianisme seul cette charité incomparable qui a pu porter remède à tout, dans un temps où tout était en souffrance?

Nous le croyons ainsi; nous jugeons cette erreur très coupable, ou cette erreur très malheureuse, et nous ne voulons pas laisser dépouiller notre sainte Religion d'une de ses gloires les plus belles et les plus pures.

Certes, nul n'a le droit de prendre pour un adepte de la philantropie celui qui fut avant tout un disciple et un apôtre de la charité de Jésus-Christ.

(1) Sous le Directoire, les directeurs du Musée trouvèrent dans leurs magasins une statue de saint Vincent de Paul que les iconoclastes de 93 n'avaient pas osé détruire; ils eurent l'idée de la remettre au jour dans une galerie des *Hommes utiles,* avec ces mots sur le piédestal : VINCENT DE PAUL, *philanthrope français.*

(Saint Vincent de Paul et sa mission sociale, par Arthur Loth. *Introduction,* par Louis Veuillot).

L'apôtre saint Paul nous apprend que le fondement unique, la pierre angulaire de tout bien, de tout édifice de sainteté, c'est Jésus-Christ. « *Fundamentum aliud nemo potest ponere, præter id quod positum est, quod est Christus Jesus* (1). » Et Vincent de Paul, traduisant dans sa simplicité pratique cette grande et universelle maxime, disait souvent à ses prêtres : « Mes frères, rien ne me plaît qu'en Jésus-Christ » : *Caritas Christi urget nos.* Et c'est aussi sous ce seul point de vue que nous avons l'intention de l'offrir à l'admiration de nos lecteurs.

Pour cela, il nous suffira de faire voir que *la Religion de Notre-Seigneur Jésus-Christ fut effectivement le principe et la fin de toutes ses œuvres ;* le *principe,* parce que c'est en elle seule qu'il en trouva la pen-

(1) III Cor. 11.

sée, les moyens, les succès ; la *fin* surtout, parce que ce fut toujours pour mieux faire connaître, aimer et servir Dieu, qu'il mit tant d'ardeur au soulagement de ses frères.

En sorte que sa *religion* et sa *charité* se prêtèrent un mutuel appui.

Nous voulons dire :

1° *Que la Religion de Jésus-Christ a tout fait dans la charité de saint Vincent de Paul;*

2° *Que la charité de saint Vincent de Paul a tout fait pour la Religion de Jésus-Christ.*

Sujet et partage de ce discours.

O grand Saint, c'est Jésus-Christ seul que vous avez voulu glorifier pendant toute votre vie ; c'est Lui encore, c'est Lui surtout qui sera glorifié dans votre éloge. Vous semblerez oublié, même dans le récit de vos œuvres, comme vous avez voulu l'être dans leur exécution ; ce que nous dirons pour vous louer ne sera pas autre chose qu'un hommage à Celui de qui descend tout don parfait ; et, pour que votre gloire soit pure, immortelle et digne de vous, nous la ferons sortir, non de l'opinion frivole et versatile du monde, mais du rejaillissement des perfections divines.

I

Répandre quelques larmes sur des misères profondes, c'est la jouissance d'une âme naturellement sensible, c'est souvent l'illusion d'une vertu commune. Soulager, à l'aide des impôts publics, de grandes infortunes sociales, c'est le devoir d'un homme d'État et c'est le dernier effort de la puissance humaine. Enfin, faire avec grand appareil des promesses stériles, c'est l'habitude de l'égoïsme vaniteux, et c'est trop souvent le seul résultat de l'assistance officielle.

Mais tendre la main à toutes les misères publiques et particulières de l'humanité ; mais ne donner à l'exécution d'un si vaste dessein d'autre mobile et d'autre ressource que la vertu chrétienne ; mais arriver par ce seul moyen à des œuvres immenses, évidemment au-dessus des forces humaines, c'est le privilège des saints, et ce fut la gloire incomparable de Vincent de Paul.

C'est ce que nous voulons établir en prouvant que la charité de Vincent fut, comme celle de Jésus-Christ :

1° *Universelle dans son étendue ;*

2° *Surnaturelle dans ses moyens ;*

3° *Miraculeuse dans ses résultats.*

Et, de ces trois considérations, nous aurons lieu de conclure qu'*elle fût éminemment chrétienne* et que *notre sainte Religion en fut seule la source.*

1° Non, ce ne serait pas rendre justice à la charité de Vincent de Paul que de borner son éloge à ces traits isolés de bienfaisance, dont l'antiquité païenne aurait pu tirer vanité, mais que le Christianisme a rendus trop populaires pour qu'ils soient désormais dignes de remarque.

Si, dès son enfance, il sut, par de pieuses industries, retrancher sur ses besoins personnels pour subvenir à ceux du pauvre ; si, dans un âge qui est pour d'autres celui des illusions et des plaisirs, il n'eut d'attrait que pour l'humanité souffrante, et, selon le conseil de l'Écriture, aima mieux s'asseoir sous le toit obscur d'une famille éplorée que de pénétrer dans les riches maisons qui déjà se disputaient l'honneur de le recevoir ; si, dans Clichy et dans Châtillon-les-Dombes, il fut souvent le seul indigent parmi les fidèles dont il était le pasteur ; sans doute, par cela seul, il se mit bien au-dessus des héros de l'humanité, et de tous ces demi-dieux du monde ;

et cependant, en cela Vincent ne fit rien de plus que ce que le vulgaire de nos saints a fait dans tous les siècles.

Mais, ce qui donne à sa charité un caractère incontestable de prééminence, c'est qu'*il fut la providence universelle de son siècle,* du plus infortuné peut-être et du plus désastreux.

Depuis bien des années, la France, épuisée déjà par les ennemis du dehors, était déchirée par toutes les horreurs de la guerre civile. L'audacieuse et sacrilège *Réforme* avait fait succéder le choc des armes à la rivalité des écrits et le massacre des fidèles à la mutilation des statues.

Encouragée par de trop rapides progrès, aigrie par de sanglantes représailles, associée à toutes les ambitions publiques comme à toutes les vengeances particulières, elle

répandait partout le pillage, la profanation
et la mort.

Vaincue, mais non anéantie à la Rochelle,
elle avait passé sur la France comme un
vaste incendie qui ne laisse derrière lui que
des ruines et des feux mal éteints.

Ce n'est pas tout : sur ce terrain déjà si
ravagé, des guerres d'un autre genre avaient
appelé de nouveaux désastres; les fureurs
de l'ambition avaient élargi les plaies faites
par l'hérésie, et tandis que, pour rabaisser
les prétentions d'une puissance voisine, le
sang humain coulait sur toutes les fron-
tières, des rivalités intestines, fruits amers
des ressentiments de la Ligue, désolaient
encore la capitale et les provinces.

C'est donc à cette époque de deuil que
parut Vincent de Paul; dès lors, ce ne furent plus seulement quelques misères atta-
chées à notre triste nature, ce furent toutes
les douleurs de l'humanité, surchargées de

tous les fléaux de la nature, qu'il lui fallut prendre à sa charge pour y porter remède.

Alors, l'excès du malheur avait multiplié les crimes, et le crime, à son tour, enfantait des malheurs nouveaux. L'enfant conçu par la débauche était délaissé par la misère, et la mère n'avait plus d'entrailles ; le malade et le vieillard mouraient abandonnés par frayeur ou trahis par insouciance : et l'on eût dit que l'égoïsme était devenu le premier des devoirs ; les détenus, entassés dans des cachots étroits et malsains, poussaient, sous leurs voûtes souterraines, d'inutiles rugissements et l'on semblait ne plus se souvenir qu'ils fussent des hommes ; les blessés restaient avec leurs plaies ouvertes sur les champs de bataille, et la faim achevait ce que le glaive avait commencé.

Des monceaux de cadavres restés sans sépulture, les champs ravagés et sans culture, les précédentes récoltes détruites par

le pillage et la flamme, offraient, sur un
sol fertile, toutes les détresses d'un vaste
désert. Le pain était devenu plus rare que
l'or. Paris souffrait de la faim comme une
ville assiégée ; des provinces entières cher-
chaient inutilement les premiers aliments
de la vie. Achèverai-je ? Dirai-je que l'on
vit les malheureux habitants de la Picar-
die, de la Lorraine et de la Champagne
se disputer les fruits sauvages et les racines
des plantes ? Dirai-je que plusieurs, après
avoir rongé leurs vêtements, se dévoraient
les membres, et que la nature eut à pleurer
sur des repas abominables, inconnus dans
les sièges de Samarie et de Jérusalem ?

Oui, voilà le vague aperçu des maux
qu'il fallait soulager et guérir, et voilà l'entreprise devant laquelle Vincent de Paul
osa ne pas reculer.

Cependant, il n'était pas issu d'une de
ces familles illustres dont l'influence na-

turelle sur les classes opulentes de la société ouvre à la charité chrétienne d'abondantes et faciles ressources ; il avait, pendant son enfance, gardé sur les montagnes, les troupeaux de son père, et jamais il ne voulut qu'on oubliât sa naissance.

Il n'avait pas non plus cette supériorité de talents qui ravit les suffrages, ni cette impétuosité de caractère qui subjugue les volontés, ni cette exaltation d'esprit qui se jette à la poursuite de tout ce qui dépasse les bornes ordinaires, et supplée à la force par la hardiesse.

Simple dans son langage, timide et lent dans ses opérations, ennemi de l'éclat et de la faveur, il écartait de ses maisons les réputations brillantes, et craignait comme un malheur les dotations qui pouvaient assurer ce qu'on appelle, dans le monde, une existence honorable.

Et sur quoi donc fondait-il le succès de

ce gigantesque projet? Avait-il entre les
mains la puissance et les trésors des rois?
Hélas! quand même, ce qui ne fut pas
sans doute, il les aurait eus, il fallait plus
que les trésors des rois pour combler de
telles dépenses ; il fallait plus que leur
puissance pour diriger et mener à bonne
fin de telles entreprises ; non seulement
parce que, après de si longs désastres, le
trésor royal est souvent le plus épuisé,
mais aussi parce que la plupart de ces infortunes publiques ne pouvaient pas être
soulagées à prix d'or.

Car, il ne s'agissait pas seulement de
trouver des aliments pour les vaincus, dans
un temps où l'impérieux vainqueur souffrait de la faim; il s'agissait de susciter
des âmes compatissantes aux douleurs
d'autrui, dans un temps où chacun était
absorbé par le sentiment de ses douleurs
personnelles : il s'agissait d'organiser un
plan de secours pour des milliers d'infor-

tunes diverses, éparses sur une immense étendue; il ne fallait pas seulement donner le premier élan à ce zèle nouveau ; il fallait le soutenir aussi longtemps que dureraient les besoins ; il fallait provoquer sans cesse de nouveaux sacrifices, faire persévérer la compassion sans fin, et tout en soulageant le présent, ménager aux douleurs de l'avenir les consolations nécessaires.

Or, voilà ce que, sans doute, n'aurait pu faire l'assemblée des princes de l'Europe, et voilà ce qu'entreprît Vincent de Paul.

2° Et quelles furent donc, entre ses mains, les éléments et les ressorts de cette immense entreprise ?

C'est lui-même qui va nous l'apprendre. « Rien ne me plaît qu'en Jésus-Christ », disait-il souvent. C'est bien le mot de l'apôtre : *Caritas Christi urget nos.*

Second caractère de la charité de Vincent de Paul : elle fut *surnaturelle dans ses moyens*.

Ici, pour que votre conviction soit entière, je ne vous demanderai pas si, parmi les moyens qu'il mit en œuvre, la plupart n'ont pas, en effet, trouvé leur source et leur appui dans les inspirations chrétiennes ; je vous demanderai s'il en est un seul qui ne soit exclusivement l'œuvre de notre sainte Religion, et dont elle n'ait tout l'honneur ?

Que l'on nomme un seul de ses agents qui n'ait été avant tout et par ses soins un modèle de piété ! Que l'on cite un seul point de ses règlements qui ne soit fondé sur l'Évangile et l'exemple de Jésus-Christ !

Oui, vous avez été l'admiration de la terre et du ciel, femmes étonnantes dont les noms, déjà célèbres dans les fastes de notre histoire, sont inscrits par la reconnaissance dans les annales de la charité ! Sensible de Gondi, vertueuse Lamoignon, courageuse Fouquet, humble de Mantoue, héroïque Goussault, immortelle Le Gras !

Mais, comment Vincent de Paul avait-il familiarisé deux cents dames de cette condition avec toutes les pratiques les plus coûteuses et les plus répugnantes de la charité ? N'est-ce pas seulement en les rendant de plus en plus chrétiennes ?

Comment leur avait-il appris à chérir ce que la délicatesse repousse et ce que le monde dédaigne ? N'est-ce pas uniquement en leur faisant méditer la croix de Notre-Seigneur Jésus-Christ ? Leur tendresse pour le prochain n'était-elle pas toujours en proportion de leur amour pour Dieu ? Et si elles étaient vraiment des anges consolateurs auprès de la souffrance, n'est-ce pas parce qu'elles étaient toujours des anges adorateurs auprès de Jésus immolé pour nous ?

Alors, comme aujourd'hui, il y avait dans le siècle, sans le secours de la piété, des âmes sensibles par nature, compatissantes par occasion, généreuses par entrainement. Vincent voulut-il jamais s'en associer une seule? Les grands du monde qu'il initia aux mystères de la charité, les Sillery, les Le Bon, les Renty ne marchaient-ils pas tous dans les voies de la perfection chrétienne?

Et si des hommes égarés, si le protestant Beynier, si le duelliste de Rougemont sont devenus les coadjuteurs de sa charité, n'est-ce pas parce qu'avant tout il en avait fait de sincères pénitents?

Or, si la perfection chrétienne fut, même avec les hommes du monde, la condition indispensable et le continuel mobile de ses

œuvres, combien plus, avec ses prêtres de la *Congrégation* et ses Filles de la Charité !

Quel est partout l'esprit des règles qu'il leur impose ? Quel est le feu sacré qui éclaire tous ses conseils et vivifie tous ses discours ? L'esprit de l'Évangile, la charité de Jésus-Christ; il n'en connaît pas d'autre. C'est là toute sa sagesse, toute sa politique, toute sa puissance.

L'habitude de la prière, le zèle pour les moindres exercices de la vie intérieure, la pratique fidèle de l'oraison; puis, l'horreur du péché, l'usage fréquent du sacrement qui l'efface, l'union intime avec Jésus-Christ au saint autel, la dévotion à Marie, consolatrice des affligés, voilà tout le secret de son incomparable influence pour le soulagement de toutes les misères humaines, et voilà des moyens que le monde ne saurait jamais remplacer.

Est-ce le monde qui eût rendu quatre

jeunes filles, *Sœurs de Charité*, capables de soigner seules, après la journée des Dunes, cinq cents blessés étendus sur le même champ de bataille? Est-ce le monde qui eût donné à quelques prêtres le courage d'ensevelir dans la campagne de Rethel, après plusieurs mois de corruption, des milliers de cadavres, abandonnés même des animaux féroces?

Est-ce le monde qui eût déterminé la maison de Saint-Lazare, d'où partaient tous les secours, à se condamner gaiement elle-même au pain noir pour pourvoir les provinces dévastées? Eh bien! pour ne citer que quelques traits, entre mille autres, c'est ce qu'obtint Vincent de Paul avec la seule ressource de la foi.

Ah! pour savoir toujours efficacement penser aux autres, il faut savoir s'oublier soi-même; pour se dépouiller volontairement de tout, il faut avoir appris le néant de tout ce qui n'est pas Dieu, et c'est ce que l'on n'apprend qu'à l'école de Jésus-Christ.

Oui, c'est dans la pratique des mortifications et des austérités volontaires; osons le dire, c'est dans l'usage des plus durs instruments de pénitence que des vierges délicates, que des femmes habituées aux délicatesses du luxe, ont appris de Vincent ce crucifiement universel, cette mort à soi-même, qui élèvent au-dessus de la nature et sans lesquels la vraie charité ne se soutient pas.

C'est en priant lui-même, chaque matin, prosterné pendant des heures entières, c'est en soumettant sa chair au traitement impitoyable des anachorètes, et l'on dirait presque aux souffrances des martyrs; c'est en se reprochant avec larmes les aliments communs dont il faisait sa nourriture que Vincent acquit le droit de dire et de redire à sa congrégation ces paroles qui résument toute sa vie : « Aimons Dieu, mes frères,

mais que ce soit aux dépens de nos bras,
que ce soit à la sueur de nos fronts. »

3° Ici, que l'orgueil humain s'indigne et
que la raison cherche à nous échapper,
nous ne lui opposerons que des faits, et
ces faits sont des prodiges.

Troisième caractère de la charité de
Vincent de Paul : elle fut *miraculeuse
dans ses résultats.*

Mais ne l'avons-nous pas déjà prouvé
sans le dire? Quand il n'eût fait qu'appor-
ter quelque soulagement à chacune de ces
innombrables souffrances dont nous vous
avons offert le tableau incomplet; quand
il n'eût fait que donner à plusieurs milliers d'hommes assez de pain pour ne pas
mourir, n'eût-il pas dépassé les bornes
d'une action purement individuelle?

Et cependant, est-ce là qu'il s'est arrêté?
Ses œuvres ne furent-elles pas aussi ache-

vées dans leur succès qu'elles étaient hardies dans leur entreprise ? Partout où le malheur abondait n'a-t-il pas fait surabonder la miséricorde ? Et n'est-ce pas un phénomène surnaturel de voir un pauvre prêtre mettre de la magnificence dans ses aumônes, lorsque l'opulence même était forcée de mettre des épargnes jusque dans ses besoins ?

Il ne fallait aux orphelins délaissés que des nourrices et des berceaux ; Vincent leur donne des mères et leur bâtit des palais : il ne fallait aux forçats de Paris et de Marseille qu'un air moins infect et une nourriture plus supportable ; Vincent leur prépare de majestueux édifices et les fait traiter comme des frères. Il ne fallait à tant de pauvres errants que les secours distribués à la porte du riche ; Vincent rassemble, et seul, il nourrit dans une demeure commune, cette fraction si nombreuse alors du peuple de Paris ; et ce que, à des époques prospères de la monarchie, nos lois avaient vainement essayé de proscrire; ce que le plus humain de nos rois, le bon Henri IV, ne put extirper de son royaume, la mendicité, fut bannie de la capitale, alors qu'elle était le plus manifestement justifiée, on pourrait dire le plus impérieusement commandée par l'excès de la misère. Elle fut bannie, parce qu'elle devint inutile, et ce fut la charité de Vincent de Paul qui opéra ce prodige!

Et ne pensez pas que cette surabondance répandue sur quelques-unes de ses œuvres le fût aux dépens des autres nécessités qui l'invoquaient.

Tandis que dans un seul hospice les Dames de charité prodiguent à vingt-cinq mille malades, reçus chaque année, les soins attentifs et les adoucissements délicats que d'ordinaire l'aisance seule se procure, quinze mille pauvres obtiennent

chaque jour de sa maison les secours nécessaires à leur subsistance ; et tandis qu'il
accueille à Saint-Lazare les prêtres échap-
pés de toutes parts aux persécutions
de la prétendue *Réforme;* tandis que
« *pour honorer*, disait-il, *Jésus-Christ
noble et pauvre,* » il ménage. avec tous les
égards du respect, des secours abondants
à la noblesse fugitive d'Angleterre et de
Lorraine; dans ce même temps, il suffit seul
à tous les besoins de cinquante villes et
de trois cents villages, dont les habitants
manquent de vêtements et de pain, dont
les églises sont dévastées comme les de-
meures.

Et ne croyez pas non plus que ces immenses entreprises aient été constamment
soutenues par les sympathies publiques et
par le concours empressé des instruments
qu'il y employait.

La gloire de Vincent n'eût pas été complète si ses efforts n'eussent été traversés. C'est lorsque tout fléchit autour de lui que seul, debout, il apparaît dans toute sa force; et c'est surtout lorsque les résistances et les persécutions l'enveloppent de tous côtés que ses succès revêtent le caractère du miracle.

Sans doute il lui fallait exercer un ascendant surnaturel sur les esprits pour obtenir des Richelieu, des Mazarin et des Pompone les secours magnifiques qui cimentaient la naissance de ses institutions; mais ne lui en fallut-il pas bien davantage pour relever, par quelques paroles en faveur des orphelins, le courage anéanti de leurs illustres protectrices, et pour en obtenir qu'elles redoublassent leurs dons à l'instant même où elles venaient de se résoudre à tout abandonner?

Sans doute il fut bien grand quand il fit transporter sur le lit de l'indigence les ri-

ches tapis de la cour et fit vendre, au pro-
fit des pauvres, les pierreries de la cou-
ronne ; mais le fut-il moins quand, à travers
les insultes, les menaces et les coups d'une
multitude qui l'accuse d'être cause de la
famine, alors qu'elle n'est nourrie que par
ses soins, il va demander à la Reine l'exil
du ministre astucieux qu'elle protège, et,
qu'au risque de sa propre liberté, il va le
demander au favori lui-même ?

Que dis-je ? Toutes les ressources lui
manquent à la fois : la France en délire
se déchire les entrailles ; Saint-Lazare est
en proie à la fureur populaire ; un pillage
insensé disperse tout ce que sa prévoyance
y avait amassé pour l'avenir. Alors le
dénuement et la détresse assiègent sa propre maison : souvent il n'a pas le matin
de quoi suffire aux plus pressantes nécessités du jour. Eh bien ! c'est alors que,
réalisant la merveilleuse parole de l'apôtre,

indigent lui-même, il enrichit les multi-tudes : « *Sicut egentes multos autem locuple-tantes* » (1). Car, c'est dans ce même temps qu'il rétablit et dote les monastères, qu'il répare et décore les églises, qu'il assiste et protège les rois et les peuples ; car, c'est dans ce même temps, qu'il fait donner aux pestiférés de Varsovie les secours pressants que la reine de Pologne récla-mait en vain pour eux de ses propres sujets, et qu'il charge les mers du Levant de porter d'abondants subsides aux chrétiens maronites opprimés par les Turcs.

En est-ce assez ? La conviction est-elle entière ? Le miracle est-il évident ?

Ah ! que l'on est heureux, que l'on est fier d'être chrétien, quand on se dit qu'il n'y a pas une autre puissance au monde

(1) II. Cor.

qui puisse offrir rien de semblable aux prodiges de charité que le Christianisme inspire !

Mais aussi, nous oserons le dire, pour l'honneur de Dieu seul, qu'il est glorieux d'être prêtre, quand on pense que jamais la charité n'a soutenu d'œuvres importantes et durables sans le concours des prêtres de Jésus-Christ !

O Religion ! ô Sacerdoce ! combien vous paraissez plus grands encore et plus chers à nos cœurs en présence des œuvres de Vincent de Paul !

Ah ! vous pouvez bien, comme votre divin Fondateur, être un sujet de contradiction dans les pensées des hommes superficiels et mondains, mais vous aurez toujours pour vous, aux yeux même des plus prévenus, l'éclat resplendissant de bienfaits incomparables.

O Religion ! ô Sacerdoce ! aujourd'hui encore, ne surpassez-vous pas évidemment en grandeur toutes les institutions humaines ! Et, sur ces côtes d'Afrique, où Vincent de Paul prêcha la loi d'amour jusque sous les fers d'un horrible esclavage, aujourd'hui encore, la charité apostolique d'un éminent Pontife (1) n'a-t-elle pas plus de prestige, plus de vraie gloire, plus de puissance véritable et surtout plus d'heureuse influence que toute la science de nos négociations et même que toutes les conquêtes de nos armes ?

Il est donc manifeste à tous les yeux que *la Religion de Jésus-Christ fut seule la source de la charité de Vincent de Paul ;* il est temps maintenant de montrer *ce que la charité de Vincent a fait pour la Religion de Jésus-Christ ?*

(1) Le cardinal Lavigerie, Archevêque d'Alger, Administrateur de Carthage et de la Tunisie.

II

On a tout matérialisé de nos jours, tout, jusqu'à la vertu. La charité elle-même, vertu parfaite et divine entre toutes, n'obtient cependant la faveur générale que lorsqu'elle soulage les misères de cette vie fugitive. Dès que les intérêts des âmes deviennent l'objet principal de sa sollicitude, elle ne provoque plus la sympathie universelle.

Aussi, nous inclinons à croire que si Vincent de Paul n'eût été qu'un apôtre, le monde ne lui aurait pas érigé de statues.

Or, c'est pour cela même qu'il importe de faire voir à ce monde irréfléchi que *le salut des âmes* fut précisément le *premier objet de son immense charité.*

S'il était permis de revenir sur ses pas, en traitant un sujet dont l'ampleur ne permet pas d'indiquer toutes les merveilles en un seul discours, nous aurions à dire, d'abord, que ce motif tout spirituel ne fut jamais séparé de ses travaux pour le soulagement des corps. Nous le verrions, partout et toujours, recueillant l'orphelin pour le baptiser et l'instruire; assistant le malade pour réconcilier sa conscience; cherchant des enfants à l'Église dans les Infidèles que ses hôpitaux reçoivent, et trouvant des élus pour le ciel dans les impurs cachots des forçats.

Mais un nouveau monde nous appelle :

Vincent restaurateur du Clergé ;
Vincent directeur des consciences ;
Vincent missionnaire.

1° Ne croyez pas qu'en arrivant à ces récits moins palpables, je vous fasse descendre à des considérations d'un moindre intérêt.

Bossuet a dit quelque part que la conversion du monde par l'Évangile fut une seconde création plus étonnante que la première. Les maladies de l'âme sont souvent plus rebelles à la guérison que les infirmités corporelles, et l'Église n'était pas moins souffrante que la société civile.

L'Église ! ah ! quel spectacle elle offrait, au seizième siècle ! quel déchirement dans la foi ! quelles profanations dans les temples ! quel débordement dans les mœurs ! Hélas ! le poison de l'erreur avait gagné jusqu'au cœur de la famille chrétienne. Partie d'un point opposé, une nouvelle secte s'était, sans qu'il y parût, coalisée avec la prétendue *Réforme* pour corrompre la doctrine. Aulsbourg blasphémait encore et déjà Port-Royal dogmatisait : l'un précipitait dans l'hérésie par le désordre, l'autre y conduisait par un chemin de perfection illusoire. Les partisans de Luther, armés du glaive des princes, et l'attrait des passions subjuguaient les âmes faibles et les cœurs gâtés; les disciples de Saint-Cyran, appuyés sur la puissance des écrits et parés du sac des solitaires, soumettaient les sages et séduisaient presque les élus. En sorte que tout était devenu piège, et que le démon du mensonge enveloppait dans un double filet presque tous les enfants de Dieu !

Et sur combien d'abus et de scandales nos ennemis pouvaient justifier leurs invectives et leurs réclamations!

Alors, que ne voyait-on pas?... Les biens de l'Église envahis par l'intrigue et dispersés par la débauche; les bénédictions des Patriarches surprises par de sacrilèges Jacob; les pouvoirs terribles du saint ministère confiés à l'ignorance et au vice; l'innocence et la paix exilées du sein des cloîtres; l'étude et la prière inconnues au

Sacerdoce... Tirons le voile sur ce triste tableau !... Ce sont là d'abominables désordres, qu'il faut loyalement reconnaître, en gémissant sur la corruption de ce malheureux siècle.

Eh bien ! pourquoi Vincent versa-t-il tant de larmes sur ces ruines ? Et pourquoi travailla-t-il jusqu'à son dernier soupir à les réparer, sinon parce qu'il y voyait les intérêts de la gloire de Dieu et du salut des âmes ?

Et pourquoi dirigea-t-il d'abord tous ses efforts vers la réforme du Clergé, sinon parce qu'il savait que tout se corrompt quand le sel de la terre est affadi ; que les brebis se dispersent nécessairement quand les pasteurs eux-mêmes s'égarent, et que pour sanctifier ses frères, il faut soi-même travailler sérieusement à devenir un saint ?

En défendant courageusement les vrais intérêts du Sacerdoce au sein du conseil de Régence, où la reine-mère l'avait fait entrer ; en fermant à l'ambition les portes du Sanctuaire ; en luttant contre les instances de la faveur ; en bravant les fureurs de la cupidité déçue ; en soumettant les vocations des lévites aux épreuves exigées par les saints canons ; en les formant dans la retraite aux sciences et aux vertus sacerdotales ; Vincent se proposait-il de former d'habiles philantropes pour le soulagement de l'humanité ? N'est-ce pas surtout aux âmes qu'il voulait donner des pasteurs dévoués et fidèles ? Et n'est-ce pas toujours de ce zèle tout spirituel qu'il cherchait à pénétrer le cœur de ses ministres, soit dans ces assemblées de Saint-Lazare, où le Clergé de tous les ordres venait, de toutes les parties de la France, se retremper dans l'esprit de Notre-Seigneur, soit dans ces conférences célèbres, où l'Épiscopat siégeait comme auditeur d'un pauvre prêtre, et d'où François de Sales sortait plus saint et Bossuet plus savant ?

2° Si vous en doutez encore, je vous dirai de porter maintenant vos regards sur l'application constante qu'il mit à ce ministère obscur, qu'aucune gloire sensible n'environne, qu'aucune jouissance naturelle n'accompagne, mais qui est, par sa nature, l'exercice le plus pur et le plus élevé de la charité chrétienne, comme il est un des devoirs les plus sacrés du pasteur des âmes, la *Direction des consciences*.

Ce Vincent de Paul, qui seul, tenait dans ses mains le fil de tant d'affaires, pour lesquelles il faudrait aujourd'hui des rouages sans fin et des dépenses sans nombre ; ce Vincent de Paul, auquel toutes les puissances de l'Europe demandaient des conseils, et quelquefois des secours ; ce même Vincent quittait tout pour s'occuper de l'intérieur d'une seule âme, quelle qu'elle fût, pour recevoir patiemment toutes ses confidences, pour panser d'une main paternelle toutes ses plaies (1); et tandis que toujours il abrégeait autant que possible ses rapports sociaux avec les grands du monde, toujours il trouvait du loisir pour la direction du plus humble et du plus simple fidèle.

Que dis-je? Qu'eussent été pour Vincent des soins épars et limités? Il avait formé à la perfection les Le Gras et les de Gondy; mais combien de milliers d'âmes avaient encore besoin d'être ranimées et vivifiées au feu de sa charité!

Comment les atteindra-t-il?

Comment? — Il fondera des établissements d'un nouveau genre; il ouvrira des écoles publiques de recueillement et de spiritualité : Saint-Lazare deviendra la maison générale de la pénitence et de la

(1) Les innombrables correspondances spirituelles de saint Vincent de Paul sont la preuve vivante du zèle qu'il déploya dans la direction des consciences.

prière; les chrétiens de toutes les provinces y viendront en foule avec ceux de la capitale pour y goûter les saintes délices de la retraite; les agapes de la primitive Église y seront ouvertes à des populations entières. Seul, Vincent en dressera les tables.

C'est là que l'on dissipera ses illusions et que l'on pleurera ses fautes; c'est là que l'on oubliera le monde et que l'on méditera ses années éternelles. Le fracas des passions qui aigrissent les cœurs et des guerres qui bouleversent les empires viendra mourir aux pieds de ce silencieux oratoire. Vincent en écartera les orages!

Et vous aussi, vous serez recueillies par ses soins, tremblantes colombes que les tempêtes ont dispersées et que poursuit le déshonneur. Neuf cents vierges chrétiennes, fuyant le danger dont les menace la licence des camps, accourent, de toutes parts, dans l'asile qu'il vient de leur ouvrir. Sa main vénérable déploie sur leurs têtes le voile de la Religion et les conserve dans l'innocence.

Et vous aussi, vous l'aurez pour bienfaiteur et pour père, âmes heureuses que le Seigneur s'est particulièrement choisies et que sa grâce appelle à des vertus plus parfaites. De nombreuses solitudes se formeront au milieu des peuples agités, comme des îles fécondes qui s'élèvent du sein des mers orageuses ; les lys fleuriront parmi les épines ; la ferveur de l'ancienne Thébaïde renaîtra dans les cloîtres, et l'évêque de Genève, dont les œuvres sont si admirables, chargera Vincent de Paul, d'achever le chef-d'œuvre de la *Visitation Sainte-Marie.*

Mais, il est temps de suivre sur son plus grand théâtre sa charité pour les âmes, en parlant de Vincent *Missionnaire.*

3° Vincent missionnaire ! — Pour les hommes qui mettent en tête de leur symbole cette *liberté des cultes* qui n'est autre chose que l'anarchie des Dogmes et la ruine de la Morale, il est naturel que les exercices d'une *mission* ressemblent aux sollicitations du fanatisme, et que l'étranger, qui vient avec grand bruit pour faire prévaloir sa croyance, soit regardé comme coupable envers la paix des familles et le domaine inviolable de la pensée.

Mais s'il n'en est pas ainsi ; mais s'il est vrai qu'il n'y ait qu'une Foi, comme il est certain qu'il n'y a qu'un Dieu, *unus Deus, una Fides ;* s'il n'y a de salut que dans l'Église et dans l'observance des lois de l'Évangile, et si le premier devoir d'un prêtre est de sauver les âmes, le missionnaire, qui en ramène un plus grand nombre dans les voies de la vérité et de la vie, ne diffère de ses confrères qu'en ce qu'il est un plus grand bienfaiteur du genre humain.

Or, que fit Vincent de Paul durant la plus grande partie de sa vie et jusqu'à la décrépitude de l'âge ? — des *Missions*. Que forma-t-il dans sa Congrégation ecclésiastique ? — des *Prêtres de la Mission ;* et c'est le nom qui leur est resté. Quels moyens employa-t-il pour régénérer les mœurs de plus de cinq cents villes de France ? — des *Missions*. Quels hommes envoya-t-il dans les contrées étrangères et lointaines, désolées par le brigandage des passions ou la férocité de la nature sauvage ? — des *Missionnaires*.

Or, faut-il le demander ? quelle était avant tout, quelle était uniquement leur destination, si ce n'est le salut des âmes ? Qu'allaient-ils faire et devant la mollesse corrompue des cours et devant la licence effrénée des camps ? Qu'allaient-ils faire, tantôt dans la cabane des pâtres d'Italie, aussi matériels que leurs troupeaux, tantôt sur la fange des bagnes où le pirate infidèle entassait les chrétiens esclaves? Pourquoi s'asseyaient-ils sur le banc des galères près du forçat blasphémateur? Pourquoi couraient-ils dans les déserts de Madagascar à la poursuite du nègre brut altéré de sang humain ?

Ah ! c'est que partout la Foi leur montrait des âmes immortelles et rachetées par un sang divin !

Ils allaient leur parler de leur dignité et de leurs devoirs, de leur Créateur et de leur Juge, de leurs fins dernières et de leur éternel salut. Ils passaient, quelquefois, des jours entiers pour graver dans une seule âme les premiers éléments de la Foi, et les formules les plus vulgaires de nos prières chrétiennes; et souvent ils se dérobaient le repos des nuits pour réconcilier furtivement, par la pénitence, le malheureux rameur, soustrait pour quelques heures, aux fouets ensanglantés du fanatique musulman.

Quelles leçons, pour nous apprendre le prix d'une âme, et quel admirable modèle, nous qui sommes revêtus de la dignité sacerdotale, nous avons à méditer dans cet humble et glorieux prêtre missionnaire !

Sans doute, nous n'avons pas, comme saint Vincent de Paul, des hôpitaux à fonder et des provinces à nourrir; mais nous avons certainement, comme lui, des misères à soulager, des douleurs à consoler; nous avons des pécheurs à convertir, des faibles à soutenir, des justes à fortifier et tout le peuple chrétien à édifier.

Dieu ne nous dit pas à tous comme à lui : « Traverse les grandes mers, et, malgré d'infructueux essais et de tristes naufrages, affronte de nouvelles tempêtes pour aller sous un autre pôle annoncer mon nom au sauvage dispersé. » Mais il nous dit à tous et à chacun : « Va dissiper les ténèbres qui règnent encore sur tant d'intelligences, au milieu même des splendeurs que mon Évangile a répandues, depuis plus de quatorze siècles, sur cette belle France; va déraciner les habitudes païennes, qui dominent et corrompent tant d'âmes régénérées par le saint Baptême; va au milieu des erreurs, des mensonges et des préventions qu'on a répandues contre mon Église; va, comme mon Prophète, arracher et détruire, édifier et planter. » *Constitui te ut evellas, et destruas, et œdifices, et plantes (1).*

Car, l'ennemi de notre sainte Religion

(1) Jérémie, c. I.

est toujours le même. Seulement il change de forme et de nom ; son orgueil va tou. jours croissant : *Superbia eorum qui te oderunt ascendit semper (1)*. Du temps de saint Vincent de Paul, il s'appelait le *Protestantisme*, et il la mutilait odieusement ; puis il se nommait le *Jansénisme*, et il la corrompait sourdement ; aujourd'hui il se dit : le *Rationalisme*, la *Libre-pensée*, l'*Athéisme*, et il prétend la détruire entièrement.

Est-il besoin de rappeler les coups effroyables qu'il lui a portés, tout récemment, et qui révèlent toute la scélératesse de son plan ?

En proscrivant de l'école l'enseignement du *Catéchisme ;* en arrachant violemment, au père de famille le droit de choisir l'instituteur de ses enfants, et au religieux

( ) Psaume 73, v. 23

celui de dépenser son intelligence, son cœur et sa vie à l'œuvre sainte de l'éducation, l'ennemi diabolique a voulu renverser les premières défenses de la place. Et maintenant, en méditant de porter atteinte à la liberté des vocations ecclésiastiques, il voudrait tarir la source de la vie chrétienne !

O mon Dieu ! confondez leurs complots pervers et rendez vains leurs sacrilèges efforts ! Proportionnez les ressources aux besoins et les secours aux périls. Étendez surtout vos bénédictions sur les pieux établissements qui doivent perpétuer, par toute la France, la race sacerdotale. Et, puisque vous avez communiqué le zèle, la sagesse et la piété de Vincent de Paul à ceux qui les dirigent, donnez aux jeunes lévites qui s'y forment aux travaux apostoliques, la simplicité, la docilité, la ferveur, la pureté de ses prêtres. Votre Église, Seigneur, a besoin de vrais ouvriers de l'Évangile, dignes de Vous glorifier !

Ouvrez les yeux, Seigneur, à ceux dont les méchants ont fait les instruments aveugles et inconscients de leurs intentions coupables. Détournez, détournez les coups de l'ennemi ; et ne permettez pas qu'il consomme le suprême attentat de sa haine.

Seigneur, nous ne Vous prions pas pour nous-mêmes ; mais, protégez et sauvez votre Église. Que l'on nous enlève, si l'on veut, le peu de bien qui nous reste encore ; mais, au moins, qu'on nous laisse la liberté d'étendre Votre règne et le bonheur de nous immoler pour Vous !

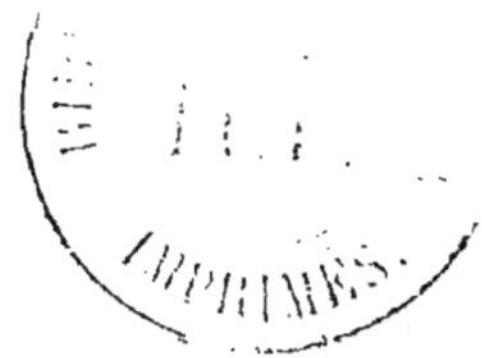

Paris. — Imprimerie P. Mouillot, 13, quai Voltaire. — 40744

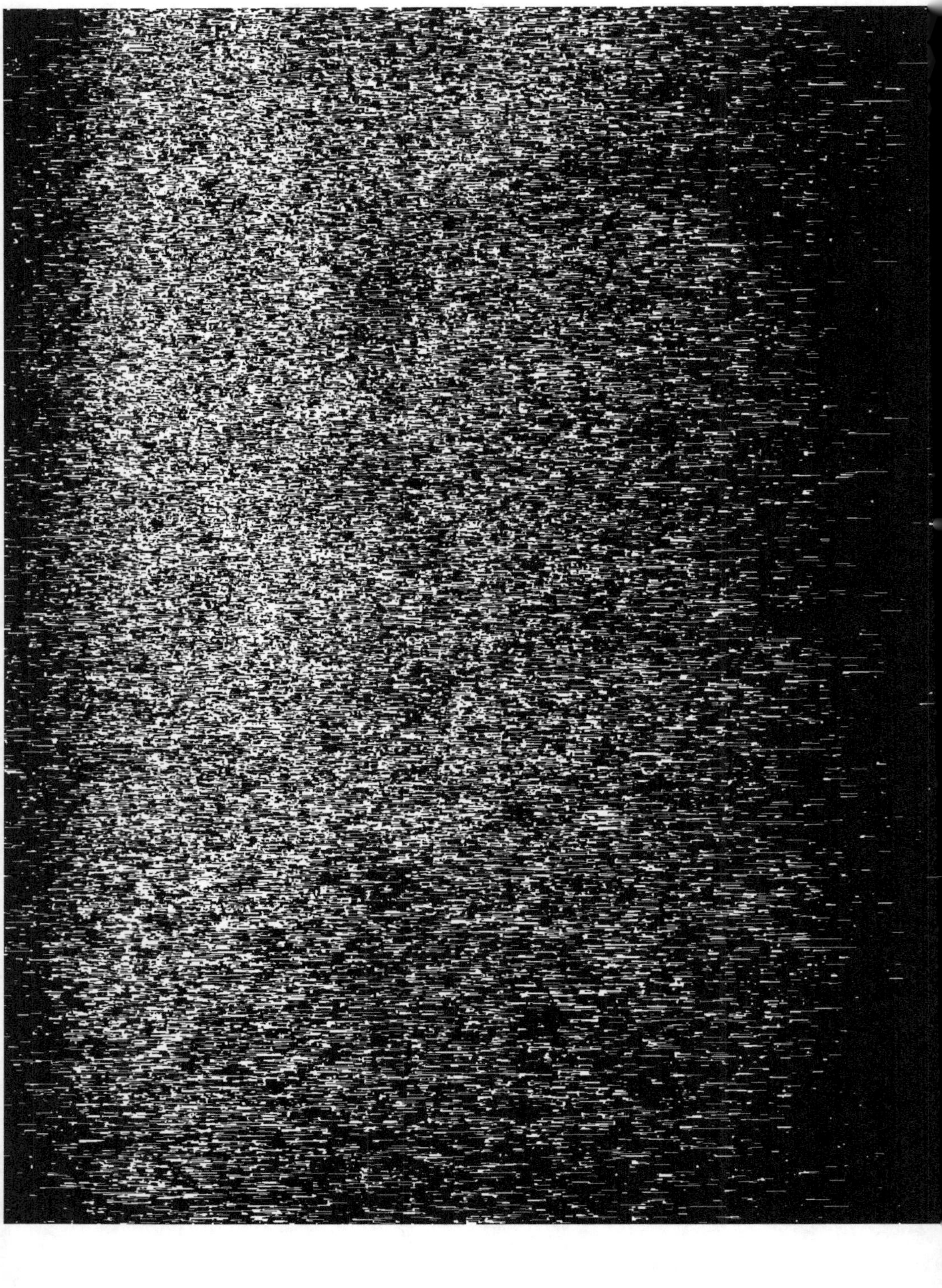